U0659790

献给罗莎莉、艾梅和巴纳贝。——维尔吉妮·阿拉德基迪

献给阿兰，还有钟爱鸟类的热罗姆。——艾玛纽埃尔·楚克瑞尔

谨向法国国家自然历史博物馆主管、鸟类学家让－菲利普·西布莱先生表示感谢，他为本书做了科学校对。

图书在版编目（CIP）数据

我的手绘博物馆. 鸟 /（法）维尔吉妮·阿拉德基迪
著；（法）艾玛纽埃尔·楚克瑞尔绘；张伟译. －－ 郑州：
大象出版社，2021.12
　ISBN 978-7-5711-1197-7

　Ⅰ. ①我… Ⅱ. ①维… ②艾… ③张… Ⅲ. ①科学知
识－少儿读物②鸟类－少儿读物 Ⅳ. ①Z228.1
②Q959.7-49

　中国版本图书馆CIP数据核字(2021)第187153号

© 2015, Albin Michel Jeunesse
Simplified Chinese edition arranged by Ye Zhang Agency
本书中文简体版权归属于银杏树下（北京）图书有限责任公司

著作权合同备案号：豫著许可备字2020－A－0150

我的手绘博物馆 鸟
WO DE SHOUHUI BOWUGUAN NIAO

[法] 维尔吉妮·阿拉德基迪　　著
[法] 艾玛纽埃尔·楚克瑞尔　　绘
张伟　译

出 版 人　汪林中
选题策划　北京浪花朵朵文化传播有限公司
出版统筹　吴兴元
编辑统筹　杨建国
责任编辑　陈　灼
特约编辑　杨　崑
责任校对　安德华
营销推广　ONEBOOK
美术编辑　王晶晶
装帧制造　墨白空间·王茜
排　　版　赵昕玥
出版发行　大象出版社（郑州市郑东新区祥盛街27号　邮政编码 450016）
　　　　　发行科　0371-63863551　总编室 0371-65597936
网　　址　www.daxiang.cn
印　　刷　北京盛通印刷股份有限公司
经　　销　全国新华书店
开　　本　889 mm×1194 mm　1/16
印　　张　5
字　　数　80千字
版　　次　2021年12月第1版　2021年12月第1次印刷
定　　价　72.00元

读者服务：reader@hinabook.com 188-1142-1266
投稿服务：onebook@hinabook.com 133-6631-2326
直销服务：buy@hinabook.com 133-6657-3072
官方微博：@浪花朵朵童书

北京浪花朵朵文化传播有限公司常年法律顾问：北京大成律师事务所
周天晖　copyright@hinabook.com
未经许可，不得以任何方式复制或抄袭本书部分或全部内容
版权所有，侵权必究
本书若有印装质量问题，请与本公司图书销售中心联系调换。电话：010-64010019

浪花朵朵

我的手绘博物馆

鸟

[法]维尔吉妮·阿拉德基迪 著　[法]艾玛纽埃尔·楚克瑞尔 绘　张伟 译

My Hand-Drawn Museum

中原出版传媒集团
中原传媒股份公司

大象出版社
·郑州·

序

飞行、产蛋、有喙……这些都不是鸟类独有的特性：蝙蝠（哺乳纲）也会飞行；蜗牛（腹足纲）和鱼类（软骨鱼纲、硬骨鱼纲）也会产蛋；乌龟（爬行纲），还有章鱼（头足纲）也都长着喙……鸟类独有的特性是它们的身体和翅膀上覆盖着数以千计的羽毛。

世界上有一万多种鸟类，本书介绍了其中的八十种，还展示了许多鸟的羽毛形态，方便读者辨认。按照《我的手绘博物馆》系列的惯例，本书一一尽述了各种鸟类的食性、求爱仪式和奇特之处等有趣知识。同时，书中标明了每种鸟的体长和翼展，便于读者对它们进行比较（一只母鸡的平均体长为 50 厘米）。

公园中的一曲欢歌、灌木丛中的一声鸣叫、天空中的一道剪影、屋檐下的一个巢、地上的一片羽毛……这些都是让我们发现鸟的踪迹，认出它们的种类，叫出它们的名字的线索。

科学插画家艾玛纽埃尔·楚克瑞尔向我们展现了细致精妙且富有诗意的图画。她用她的墨水和水彩画赋予了图画生命，就像所有伟大的自然主义画家们所做的那样。

读了这本书的孩子一定很快就会向爸爸妈妈、爷爷奶奶、图书管理员或书店老板提出一个又一个可爱的问题：

"你以前知不知道，就是……"

"这种鸟还会爬树吗？"

"这种鸟几乎从不停落？"

"那种翅膀退化的鸟，是不是不会飞啊？"

睁开你的眼睛，竖起你的耳朵吧……可能放下书本时，恰巧有只鸟会飞来！

维尔吉妮·阿拉德基迪

目 录

简明术语图解

鸟的形态

我们可以通过鸟类的形态，尤其是体羽、翅羽、尾羽、头部的冠羽或喙部、爪子的颜色和形状，来辨认它们的种类。

鸟的头部

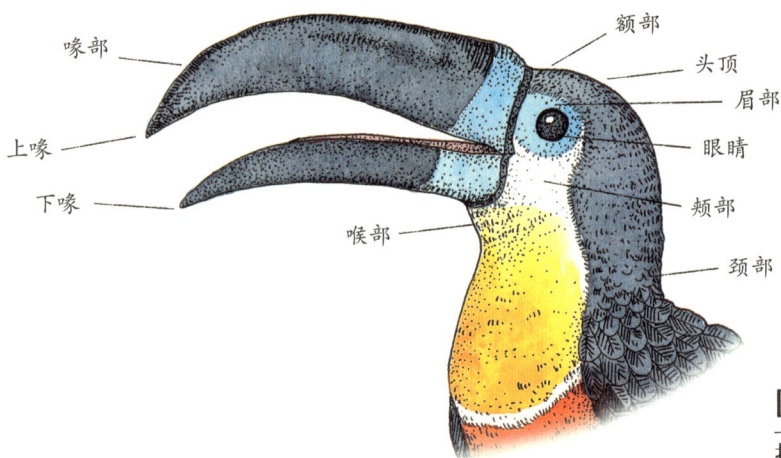

喙部

额部

头顶

眉部

上喙

眼睛

下喙

颊部

喉部

颈部

凹嘴巨嘴鸟

拉丁学名：*Ramphastos vitellinus*

外貌概述

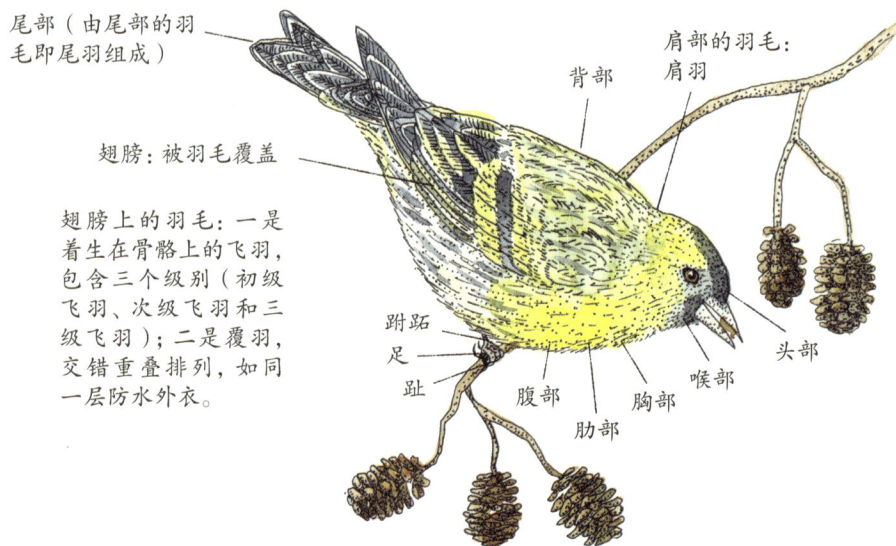

尾部（由尾部的羽毛即尾羽组成）

背部

肩部的羽毛：肩羽

黄雀

拉丁学名：*Carduelis spinus*

翅膀：被羽毛覆盖

翅膀上的羽毛：一是着生在骨骼上的飞羽，包含三个级别（初级飞羽、次级飞羽和三级飞羽）；二是覆羽，交错重叠排列，如同一层防水外衣。

跗跖
足
趾

腹部

胸部

肋部

喉部

头部

书中的体长指的是成年个体从喙到尾的平均长度，翼展指的是成年个体双翅伸展的宽度。——编者注

鸟类的骨头轻巧，有些部位是中空的。对于大部分鸟来说，功能强大的肺部以及气囊为飞行提供了必要的氧气。为强化飞行能力，有些候鸟的心脏大小相对其体形，比例会略大。

羽 毛

鸟类通过换羽, 用新羽毛代替旧羽毛, 更替已磨损的羽毛。

一般来说, 鸟类每年至少换羽一次。不同鸟类换羽的频率也不尽相同: 有的鸟一年换羽三次, 也有需要花费三年的时间才会将全身的羽毛完全更替的鸟类。有一些鸟在繁殖期之前, 羽毛色彩极其鲜艳, 而到了冬季, 羽毛则换为比较灰暗的颜色, 鸭子就是这样。通常来说, 雄鸟的羽毛颜色比雌鸟的鲜艳, 因为雌鸟担负着孵蛋和抚育幼雏的任务, 需要隐蔽。

初级飞羽

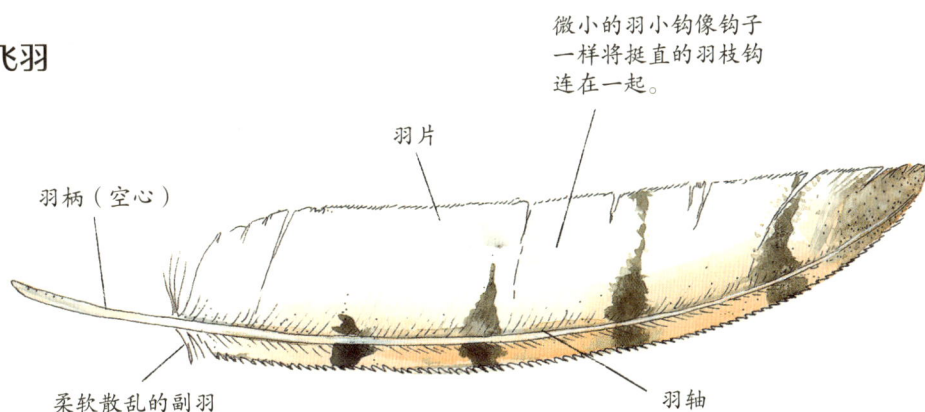

微小的羽小钩像钩子一样将挺直的羽枝钩连在一起。

羽片

羽柄 (空心)

柔软散乱的副羽

羽轴

绒 羽

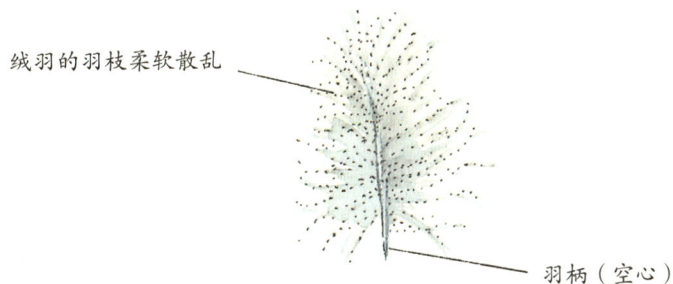

绒羽的羽枝柔软散乱

羽柄 (空心)

成年天鹅是鸟类中羽毛数量最多的, 它们的羽毛超过 25000 根!

我们来看看飞行中的鸟吧！

鸟在飞行时会有规律地扇击翅膀，有时会中断扇击翅膀进行滑翔（例如下图中的鸽子）。它们尾部的羽毛在飞行时收紧，降落或减速时打开。

鸟类最常使用的飞行方式：鼓翼飞行。

不同种类的鸟使用的飞行方式还有——

静态翱翔：依靠上升的热气流将自己向上托举，以弧形的轨迹上升，升到高空时滑翔而下。隼经常这样飞行。

滑翔：不扇击翅膀，从高处向前、向下滑行。大型候鸟经常使用这种飞行方式，如鹳。

悬停：在原地扇击翅膀。有的鸟用这种飞行方式瞄准猎物，例如红隼；有的鸟则用这种飞行方式采蜜，例如蜂鸟。

俯冲飞行：将翅膀向上收，向前、向下飞行。游隼或翠鸟经常这样飞行。

第一部分

鸣 禽

鸣禽包括的鸟类约 6000 种，占全世界鸟类的 60%。法国人有时也叫它们"枝头鸟"。

在英文中，这些鸟被称为"songbirds"，意思是会唱歌的鸟。事实也的确如此，鸣禽具有这种特长，它们长有比其他鸟类更为发达的鸣管（鸟类位于气管底部的器官，用于发声）。鸣管中鸣骨两侧有鸣膜，能振动发声。

本篇介绍了 25 种鸣禽，以及其中大多数鸣禽的鸣唱声和鸣叫声：鸟类常用鸣唱声来宣示领地"主权"，而鸣叫声则多用于发起警报或与同类保持联络。

斑鸫

蓝山雀

拉丁学名: *Cyanistes caeruleus*

体长: 11—12 厘米
翼展: 可达 18 厘米
主要分布区域: 欧亚大陆

蓝山雀的头顶、翅膀、尾巴、腿和趾都是蓝色的；面部呈白色，喙、眼睛和枕部被一条蓝色"带子"贯穿；体形浑圆，腹部呈黄色。它在树丛中觅食，在树洞内筑巢，也喜欢人类为它做的巢箱。邮递员可要当心点儿——它甚至会以信箱为家！它会用苔藓做窝，并铺上羊毛。

🐦 蓝山雀的叫声听起来像是："啾唧唧唧唧"。

雀形目

大山雀

拉丁学名：*Parus major*

体长：可达 14 厘米
翼展：可达 25 厘米
主要分布区域：欧洲、土耳其和北非

这种小鸟很常见，头部呈黑色，两颊为白色，胸部和腹部为黄色，背部呈绿色，翅膀上饰有黑色条纹。它的叫声富于变化，有金属般的质感，常在森林中和花园里回响。大山雀生性活泼，经常在地上和树干上觅食。它喜欢的食物常见于树缝和墙缝中，种类丰富，例如昆虫、蜘蛛、植物的果实和种子等。

🐦 大山雀的叫声是："啾啾啾啾""唧唧唧唧唧唧"。

雀形目鸟类的雏鸟在出壳时还未发育完全，需要待在巢中由成鸟喂养很长时间。雏鸟会张开喙，等成鸟将食物放入它们的喙中。

有些非雀形目鸟类的雏鸟从蛋里孵出来后很快就离巢了，它们被称为"早成雏"；而雀形目鸟类的雏鸟则与之相反，是"晚成雏"。图中画的是大山雀将毛虫喂给雏鸟的场景。（以喂一只雏鸟一只毛虫计一次，大山雀每小时能喂四十次！）

欧亚鸲（qú）

拉丁学名: *Erithacus rubecula*

体长: 可达 14 厘米
翼展: 20—22 厘米
主要分布区域: 欧亚大陆

欧亚鸲生性好动,体形丰满,特点鲜明——喉部和胸部为橙红色,很容易辨认。这种鸟的背部呈棕色,腹部为白色,眼睛黑亮有神。它喜欢独来独往,常飞行与跳跃,喜食蠕虫和昆虫。它很温顺,常生活在公园和花园中,因此对人类并不陌生。如果你保持不动,它就会靠近你。

🐦 欧亚鸲的叫声是一连串的:"啾——啾——啾——啾——"。

通常情况下,雀形目的鸟类每年有两次换羽期:旧羽毛脱落,新羽毛渐渐生长出来。左图是欧亚鸲的一片羽毛。

家麻雀

拉丁学名: *Passer domesticus*

体长: 可达 16 厘米
翼展: 19—25 厘米
主要分布区域: 欧亚大陆和北非

这种鸟飞行速度较快,在地上时喜欢蹦蹦跳跳。它们在人类附近生活,哪里有人类活动,哪里就有家麻雀的身影。雄鸟的胸口及腹部呈灰色,双翅为褐色,繁殖期喉部羽毛会呈现出一片黑色斑块;雌鸟毛色较浅。家麻雀不迁徙,成群生活,秋季及冬季尤甚。

🐦 家麻雀的叫声是:"啾——啾——"。

红额金翅雀

拉丁学名: *Carduelis carduelis*

体长: 可达 14 厘米
翼展: 21—25 厘米
主要分布区域: 欧亚大陆

红额金翅雀额部与颊部为漂亮的红色, 背部呈棕色, 双翅黑、白与金三色相间, 生性好动, 飞行轨迹呈波浪线形。在一年中的大部分时间里, 红额金翅雀主要以植物的种子为食, 但在喂养雏鸟时, 它也会捕食昆虫。

🦅 红额金翅雀的鸣叫声是: "啾唧啾唧 ——"。

雀形目鸟类筑巢时极为用心和细致。雌性红额金翅雀负责孵蛋, 每窝孵化 4 至 6 枚, 蛋的表面略显淡蓝色, 较大的一头有深红、红色或粉色的斑点。它的鸟巢用树根、蜘蛛丝和蒲公英花冠等材料做成——可谓真正的大师之作。在各种树木的树枝间, 我们都能发现这样的鸟巢。左图中就是一个搭在椴树树枝间的红额金翅雀鸟巢。

黄鹡鸰（jí líng）

拉丁学名：*Motacilla flava*

体长：15—18 厘米
翼展：可达 28 厘米
主要分布区域：欧亚大陆；在非洲越冬

图中这只雄性黄鹡鸰背部呈橄榄绿色，腹部为明黄色，这说明它已经做好吸引异性的准备了！这种鸟身形挺拔，尾巴修长，支起双腿站立时尤显高挑。它常站在郁金香等草本植物上展现歌喉，在牲畜周边啄食昆虫。

黄鹡鸰求偶时，会一边歌唱一边用力抖动胸口。它属于候鸟，每年都会飞往撒哈拉以南的非洲地区越冬。

🐦 黄鹡鸰的歌唱声是："唧唧唧"。

渡 鸦

拉丁学名：*Corvus corax*

体长：56—69 厘米

翼展：115—150 厘米

主要分布区域：北半球各地区

渡鸦是雀形目中体形最大的。这种鸟生性谨慎，一般在山区活动。它黑色的羽毛（在光亮下）泛着蓝色的光泽，喙部大而厚，喉部的羽毛竖立生长。飞行时尾巴呈菱形。

渡鸦的叫声多样、响亮。它模仿其他鸟类的叫声时声音低沉，易分辨。渡鸦夫妇会生活在固定的地点，并相伴度过一生。

🐦 渡鸦叫的声音是这样的："嗷——嗷——哑——哑——哑——"。

乌鸫（dōng）

拉丁学名：*Turdus merula*

体长：24—29 厘米
翼展：可达 36 厘米
主要分布区域：欧洲、北非和印度

乌鸫的英文名称是 Common Blackbird，意为普通黑鸟。雄鸟通体乌黑，仅眼周一圈的毛色及喙部为黄色；雌鸟毛色为黑褐色。乌鸫生活在林区、园圃和灌木丛里。但早先它们仅在森林里活动，如今渐渐适应了城市的生活，日益成为我们常见的鸟。

🐦 乌鸫叫起来是连续不断的："嘟嘟——吱吱吱吱吱——"。

雀形目

黄道眉鹀（wú）

拉丁学名：*Emberiza cirlus*

体长：15—16.5 厘米
翼展：22—23.5 厘米
主要分布区域：欧洲南部

黄道眉鹀的头部很有特点，呈现出黑色和黄色相间的条纹，头顶的羽毛呈绿色，喉部羽毛为黑色。它们的腹部呈黄色，修长尾巴的覆羽为灰棕色，尾羽为红棕色。这种鸟从二月份开始鸣唱，鸣唱声由十到二十声鸣声连贯而成，音色具有金属质感。

🐦 黄道眉鹀的法语名字是根据其叫声取的[1]。它的叫声是："嗞吱吱吱吱吱"。

黄道眉鹀的巢搭得不高。这个巢里面有四枚带着黑色斑点和褐色细纹、微微泛出浅蓝色的蛋。

1 黄道眉鹀的法语名称直译为"嗞嗞叫的鹀"。——译者注

灰白喉林莺

拉丁学名：*Sylvia communis*

体长：可达 14 厘米
翼展：可达 22 厘米
主要分布区域：欧洲、亚洲西部和非洲
西北部；在非洲越冬

在法国，只有夏天才能看到灰白喉林莺。平时它藏身于灌木丛中，人很难发现它，但鸣唱时它会站在枝头。雄鸟的头部呈灰色，雌鸟的头部呈褐色。它们喉部均为白色，双翅均为红棕色。

🐦 灰白喉林莺鸣唱时，会发出这样的声音："啾啾啾啾啾啾啾啾——"。

白腹毛脚燕夫妇只有在池沼和池塘边采集湿泥球筑巢时，才会飞落到地面。它们的巢穴是泥巴晾干之后形成的，呈半球形，侧面有一个小开口。这种鸟喜欢将巢穴安在房屋或楼宇的挑檐之下。

白腹毛脚燕

拉丁学名：*Delichon urbicum*

体长：可达 13 厘米
翼展：26—29 厘米
主要分布区域：欧亚大陆；在非洲和东南亚越冬

我们可以通过观察鸟背部下方的白斑、喉部和腹部纯白色的羽毛、短且分叉的尾巴来辨认出白腹毛脚燕。它的叫声会按照它的情绪和鸣叫的用途而变化，但不如家燕的叫声多样。冬季，它们会迁徙到非洲和东南亚。

🐦 白腹毛脚燕的叫声是："唧呵唧呵""啵唧唧"。

雀形目

家 燕

拉丁学名: *Hirundo rustica*

体长: 15—19 厘米
翼展: 33 厘米
主要分布区域: 世界各地

家燕俗称燕子, 生活在我们身边。它深红色的喉部远远看去像是黑色的; 腹部呈乳白色。它身形挺拔, 尾巴纤长。雄鸟身体最外侧的一对尾羽(舵羽)比雌鸟更长, 还会随着年龄增加越来越长。它捕捉猎物时飞行的样子, 如同在展示空中杂技。它喜欢在屋檐下已有支撑的地方筑巢安家, 鸟巢呈半杯型。

🐦 家燕啁啾呢喃的声音为"叽喳喳"或"喳叽叽喳喳", 有时听上去就像老旧的栅栏在吱嘎作响!

太平鸟

拉丁学名：*Bombycilla garrulus*

体长：可达 20 厘米

翼展：32—35.5 厘米

主要分布区域：欧亚大陆北部和北美洲

太平鸟的羽毛和冠羽为橙粉色，极易辨认。它眼睛周围的羽毛较长，呈黑色；翅膀上的斑点，往往反映了它的年龄；尾巴短，呈黑色，末端有明黄色条带，尾上覆羽为灰色。太平鸟经常出现在北美洲、斯堪的纳维亚半岛、俄罗斯和亚洲的泰加林。但有时因繁殖地区食物不足，它们也会飞入法国和意大利境内，所以人们也偶尔能在这些国家看到它们。

🐦 太平鸟的鸣叫声循环往复："咻咻咻，咻咻咻"。

壮丽细尾鹩（liáo）莺

拉丁学名：*Malurus cyaneus*

体长：可达 14 厘米

主要分布区域：大洋洲

这种小型燕雀仅分布于大洋洲，生活在牧场和城市的花园中。繁殖期来临时，准备好繁育后代的雄鸟的一部分羽毛呈鲜艳的蓝色，喉部及眼睛附近有黑色的条带花纹。雌鸟（以及非繁殖期的雄鸟、雏鸟）的毛色则与之差异极大，为或深或浅的褐色。这就是动物的性别二态性。在繁殖期，雄鸟会扯下一些黄色的小花瓣献给雌鸟。

🦅 壮丽细尾鹩莺的叫声由一连串活泼轻快的声音组成："嘀嘀，嘀嘀，嘀嘀"。

戴 菊

拉丁学名: *Regulus regulus*

体长: 9—10 厘米

翼展: 13.5—15.5 厘米

主要分布区域: 亚欧大陆

戴菊体重仅有 5 克到 6 克, 是法国最小的雀形目鸟类, 也是欧洲小型的鸟类之一。依据戴菊头冠的颜色可区分雌鸟和雄鸟——它们的头顶侧边均呈黑色, 雌鸟的头顶正中为明黄色, 而雄鸟的头顶正中则是橙黄色。戴菊会低着头钻到针叶树的细枝下面寻找昆虫。它会连续发出小而尖的鸣声, 表示自己造访此地。十月份, 它在北欧的种群便会飞到法国一带, 在这里一直停留到第二年三月份。

🐦 戴菊的鸣叫声是: "嘶唧嘶唧嘶唧——唧, 嘶唧嘶唧——唧"。

戴菊的蛋呈暗淡的赭石色或白色, 并带有褐色斑点。

喜 鹊

拉丁学名：*Pica pica*

体长：40—50 厘米
翼展：52—62 厘米
主要分布区域：亚欧大陆

喜鹊是鸦科的一种鸟类，身形独特，黑色的长尾巴散发出蓝紫色的光泽，展开后呈扇形。喜鹊的头部及胸前的羽毛呈黑色，腹部及两侧为纯白色；翅膀前侧为白色，后侧是黑色的。喜鹊成对生活，对人类持有戒心。它经常在草地、湿地和生长着盐角草的地带觅食。飞行时间短。从它的法语名字我们便可得知——它尤为吵闹。[1] 它习惯将闪闪发光的物品（如碎玻璃、金属制品等）衔来装饰自己的巢穴，因此有时被误认为是"小偷"。

🐦 喜鹊嘈杂的叫声是这样的："喳——喳——喳——喳——"。

1 喜鹊的法语名称为 pie bavarde，直译为"喋喋不休的鹊"。——译者注

雄喜鹊和雌喜鹊会用树枝和带着树根的泥土筑一个大大的巢，上面有一个简易的"屋顶"，保护朝上的开口。成鸟喂给初生雏鸟的食物有蠕虫、蜘蛛、毛虫、臭虫、脆蛇蜥、软体动物、啮齿动物、两栖动物以及谷物。

黑喉石鵖（bī）

拉丁学名：*Saxicola torquata*

体长：可达 13 厘米
翼展：可达 20 厘米
主要分布区域：亚欧大陆和非洲

雄性黑喉石鵖的头部呈黑色，胸部红棕色，双翅褐色。这种体形微胖的鸣禽在灌木丛中和草地上单独或成对活动、栖息、寻找昆虫。它们是留鸟。

🐦 黑喉石鵖的歌唱声是："吱喳吱喳喳"。

印度洋石鵖

拉丁学名：*Saxicola tectes*

体长：可达 12.5 厘米
翼展：可达 21 厘米
主要分布区域：留尼汪岛

印度洋石鵖是留尼汪岛（位于非洲东部）特有的森林鸟类，在那里很常见。雄鸟的头部及双翅呈黑色，眼睛上方有白色条带花纹，胸部颜色介于红棕色和橙色之间，喉部和腹部为白色。雌鸟与雄鸟形态相像，但毛色较为暗淡。这种鸟喜独行，在空中或在地面上猎食昆虫，在地面上、树枝下筑巢。它的蛋呈浅蓝绿色，带有红棕色斑点。

苍头燕雀

拉丁学名: *Fringilla coelebs*
体长: 可达 15.5 厘米
翼展: 24.5—28.5 厘米
主要分布区域: 亚欧大陆和北非

苍头燕雀中有一部分是候鸟——生活在较寒冷地区的苍头燕雀会飞到南方越冬。看到它的法语名字[1]我们便能猜到，只要有树生长的地方，便有这种鸟成群结队活动的身影。它们也会在葡萄园和玉米地里寻找食物。交配季节到来时，雄鸟颊部和胸部呈粉褐色，头部为蓝色，背部红褐色，喙部呈灰蓝色（冬季则为浅褐色）。它是唯一一种从二月起就开始歌唱的鸟，但那时它唱出的是不完整的音符，仿佛是它们在春天到来之前的练习。你呢，你会像苍头燕雀一样唱歌吗？

🐦 苍头燕雀鸣叫，会发出这样的声音："啾啾啾啾啾咿咿咿"。

1 苍头燕雀的法语名字是 pinson des arbres，直译为"树木燕雀"。——译者注

新几内亚极乐鸟

拉丁学名: *Paradisaea raggiana*

体长: 可达 33 厘米
翼展: 可达 55 厘米
主要分布区域: 新几内亚岛

极乐鸟又名天堂鸟,约有 40 个品种。新几内亚极乐鸟分布在巴布亚新几内亚的森林中。在交配季节,雄鸟的头部呈黄色,喉部为绿色,喙部呈浅蓝色,双翅红色,尾巴红棕色。20 多只雄鸟围成一个用于求偶的圆形场地(也就是求偶场),将一只雌鸟围在正中。雄鸟们会翩然起舞,让雌鸟从中选出配偶。

北美红雀

拉丁学名: *Cardinalis cardinalis*

体长: 21—23 厘米
翼展: 25—31 厘米
主要分布区域: 美国东部和墨西哥

雄性北美红雀身着深红色的羽毛,颊部呈黑色。雌鸟颊部呈灰色,羽毛呈灰棕色并带有红色。雄鸟及雌鸟强有力的喙部均为珊瑚红色。这种美洲鸟类以种子和某些昆虫为食,喝枫树上被啄木鸟啄开处渗出的汁液。

🐦 北美红雀鸣叫时,发出清脆的音符:"喂喂""嘟嘟"。

黄腰太阳鸟

拉丁学名: *Aethopyga siparaja*

体长: 可达12厘米

主要分布区域: 亚洲东南部

这种雀形目鸟类主要分布于中国、印度、印度尼西亚和菲律宾。它的头部、背部上方、颈部及胸部呈红色,双翅呈灰褐色,尾巴为深蓝色。两条黑色的花纹由喙部延伸至颈侧。它的羽毛散发着金属般的光泽,因此被称为太阳鸟。黄腰太阳鸟用长长的喙部收集花蜜。

赭红尾鸲

拉丁学名: *Phoenicurus ochruros*

体长: 13—14.5 厘米

翼展: 可达 26 厘米

主要分布区域: 欧亚大陆和北非

雄性赭红尾鸲的背部比雌性的颜色更深。正像它的名字所显示的,其下腹部、尾上覆羽和尾巴为橙红色。这种鸟的寿命可达八岁。在欧洲、亚洲和北非,都能见到它的身影。赭红尾鸲的食物有昆虫的成虫和幼虫、果实,以及沙滩上极小的甲壳类动物。

🐦 赭红尾鸲的叫声开始是"吱唧吱唧喊",继而是类似将纸张揉皱的声音,最后是"恰恰"。

欧洲赭红尾鸲的蛋洁白无瑕,而亚洲赭红尾鸲的蛋则呈蓝色。属于同类而蛋的颜色却不同,这在鸟类中极为罕见。

雀形目

新疆歌鸲

拉丁学名: *Luscinia megarhynchos*

体长: 可达 16.5 厘米
翼展: 可达 24 厘米
主要分布区域: 欧亚大陆

新疆歌鸲的羽毛为褐色, 它属于夜莺[1]的一种。夜莺都是四月至六月间的演说家和歌唱家, 就连夜间都能听到它们的啼鸣——这在鸣禽中非常少见。夜莺有很多种, 叫声均悦耳动听。夜莺常藏身在灌木丛中, 有时也会在枝头停栖几秒钟, 能见到它很难得……睁大眼睛好好留意着吧!

🐦 夜莺颤着嗓子啼叫声听起来像: "啾啾啾啾"。

1 夜莺是歌鸲属部分种的通称。——编者注

雀形目

紫翅椋（liáng）鸟

拉丁学名: *Sturnus vulgaris*

体长: 可达 22 厘米
翼展: 可达 37 厘米
主要分布区域: 欧亚大陆和北美洲

紫翅椋鸟的尾巴较短，羽毛呈黑色，冬羽带有白色及褐色斑点，夏羽的斑点略少，散发出紫色或绿色的光泽。这种鸟体形比乌鸫小，且不像后者那样蹦跳，而是摇晃着身体和脑袋走路。紫翅椋鸟结群活动，生活在树林中、城市里、乡下田野间，也会出现在沿海前滩（产蛋期除外）。有时，数十万只紫翅椋鸟成群出动，密密麻麻地在空中盘旋，形成一个旋涡状图案，而且它们从不会互相碰撞，令人叹为观止。这种鸣禽以昆虫类和植物果实为食，它会将喙部伸入草地里和藻类中，搜捕昆虫的幼虫和成虫。

🐦 紫翅椋鸟叫声聒噪，喋喋不休。它的鸣叫声时而"吱嘎吱嘎"，时而像清脆的敲击声。它有时会模仿其他鸟的叫声，甚至喇叭和手机铃声！

第二部分

非鸣禽

人们常用非鸣禽来称呼那些不是鸣禽的鸟。非鸣禽有 30 来个目，每个目至少包含一个科。本书介绍了非鸣禽 18 个目中的一种或多种。

所有的鸟都有鸣管。所以非鸣禽鸟并非不会发声，只不过它们的叫声不像"歌唱家"鸣禽那样悦耳动听而已。书中仅介绍了几种有辨识度的非鸣禽的鸣叫声。

绿头鸭

大斑凤头鹃

拉丁学名：*Clamator glandarius*

体长：35—40 厘米
翼展：可达 62 厘米
主要分布区域：欧洲、亚洲和非洲

大斑凤头鹃是杜鹃的一种，它和所有的鹃形目鸟一样，两趾向前，两趾向后。大斑凤头鹃喙部小而弯曲，冠羽呈灰色（雏鸟冠羽为黑色），背部呈深棕色并带有白斑，腹部近白，尾巴较长。它时而飞来飞去，时而翘着尾巴在地面上蹦蹦跳跳。大斑凤头鹃爱把蛋产在鸦科鸟类的巢中，尤其是喜鹊巢中。

在法国，仅在地中海周围能够看到大斑凤头鹃的身影，比如，在伞松林中能看到它在捕食毛虫。

🐦 大斑凤头鹃叫声十分有力："库库库"。

鹃形目

大杜鹃

拉丁学名：*Cuculus canorus*

体长：32—34 厘米
翼展：可达 55.5 厘米
主要分布区域：欧亚大陆；在非洲
和南亚越冬

大杜鹃双翅长而尖，尾形圆润。背部呈深灰色，胸部为灰蓝色，腹部有条纹。它在树林、平原和山间活动，很难接近。大杜鹃与大斑凤头鹃一样，不筑巢、不喂养雏鸟。雌鸟在其他鸟类的巢中产蛋。雏鸟出壳时绒毛呈灰色和白色条纹相间，出生后便用背部将其他的蛋拱出巢外。这样，"养父母"便只喂养它了。大概二十天后，能独立生活的大杜鹃就会在没有引路者为它指引路线的情况下，启程向非洲迁徙。

🦅 大杜鹃的叫声听起来像在说："布谷——布谷——"。

成年苇莺

佛法僧目

蓝胸佛法僧

拉丁学名：*Coracias garrulus*

体长：29—32 厘米
翼展：52—58 厘米
主要分布区域：欧亚大陆；在非洲越冬

这种鸟体形矮胖，头部大，头、胸、翅膀的一部分以及尾巴呈蓝色；背部为棕色。它用略带弧度、厚实的黑色嘴巴捕捉蟋蟀一类的大型昆虫，也吃蠕虫、青蛙、蜥蜴甚至小型鸟类。蓝胸佛法僧是候鸟，自九月份开始向非洲迁徙。

🦅 蓝胸佛法僧的叫声响亮刺耳："咕咕咕——喳——"。

蓝胸佛法僧每天都会吐出食丸，那是它吃进肚子里却无法消化的动物残渣。

黄喉蜂虎

拉丁学名：*Merops apiaster*

体长：25—29 厘米
翼展：可达 47 厘米
主要分布区域：欧亚大陆西南部和非洲；在非洲越冬

黄喉蜂虎是空中的杂技演员，但在地面上行动笨拙。它色彩斑斓，头顶及背部呈棕红色（偏黄），喉部黄色，腹部为或深或浅的蓝色和绿色，双翅蓝绿色，翅尖为黑色。它用弧形的喙部在陡峭的河岸上挖巢，嘴巴会被磨钝。黄喉蜂虎以昆虫为食，从它的名字便可得知，其食物多为大胡蜂、蜜蜂和胡蜂。秋季食物匮乏，黄喉蜂虎便迁往西非，因此，有人称它为"非洲猎手"。

🦅 黄喉蜂虎鸣叫时会发出一连串循环往复的声音："咯咕咕咕，咯咕咕咕，咯咕咕咕"。

戴 胜

拉丁学名：*Upupa epops*

体长：25—32 厘米
翼展：44—48 厘米
主要分布区域：欧亚大陆和非洲

戴胜长着橙色的羽毛，双翅及尾巴上有黑色条纹。它长长的橙色冠羽末端呈黑色，能够竖立起来。戴胜用又长又细的黑色嘴巴捕捉昆虫的幼虫和成虫。与众不同的是，它常常从牛粪中找虫子！生活在法国南部的戴胜会迁徙到非洲越冬，次年二月份再飞回来。

🐦 戴胜的叫声低沉而响亮："咕咕咕"。它的法国名字也正由此得来。[1]

1 戴胜鸟的法语名字是根据其叫声取的。它的法语名称是 huppe，发音与其叫声相近。——译者注

黑啄木鸟

拉丁学名：*Dryocopus martius*

体长：45—57 厘米
翼展：64—84 厘米
主要分布区域：欧亚大陆

这是欧洲最大的啄木鸟。全身羽毛呈黑色，头顶为红色。黑啄木鸟与所有的鴷（liè）形目鸟一样，能够一边用尾巴支撑自己，一边用弯曲的爪子沿着树干向上爬。它的啄击声远远就能听到——它用有力的喙部啄击树枝或树干，在不到 3 秒的时间内能够啄击 20 次。黑啄木鸟的头骨结构很特别，所以经得住剧烈的振动。它就是用这样的方式觅食蚂蚁等昆虫的。

🐦 黑啄木鸟的叫声是这样的："当当当当当"。

大斑啄木鸟

拉丁学名：*Dendrocopos major*

体长：22—23 厘米
翼展：34—39 厘米
主要分布区域：欧亚大陆

大斑啄木鸟生活在高大的树木上。它下腹部呈红色，双翅有椭圆形白斑。雌鸟与雄鸟形态相像，但雄鸟枕部为红色，极易辨认。雏鸟头顶为红色，这种颜色会随着长大而消失。大斑啄木鸟敲击树木的速度极快——每秒钟达 10 至 15 次！

🐦 大斑啄木鸟的鸣叫声是这样的："咳咳咳咳咳咳"。它的声音具金属质感，有爆发力。

大斑啄木鸟将带壳的果实卡在树洞口，这里便成了它的"打铁铺"——它将身体支撑在树干上，用嘴巴啄开带壳果实的硬壳。它用这种办法取出果实的果核，啄掉的碎屑则会落到地上。

雕鸮（xiāo）

拉丁学名：*Bubo bubo*

体长：60—75 厘米
翼展：可达 170 厘米
主要分布区域：欧亚大陆

它是最大的夜间猛禽！额部及头顶带有淡黄色的斑点；背部呈棕黑色；腹部有淡黄色底色，黑色波纹样花纹的羽毛。在晚上，它的听觉和视力都很敏锐，因此能够夜间捕猎。它会用锋利的黑爪子牢牢地抓住猎物。日落后，雕鸮的嗥叫声在 5 千米开外都能听到。

🦅 雕鸮的叫声是这样的："呜——咕"。

鸮形目

仓 鸮

拉丁学名：*Tyto alba*

体长：25—45 厘米
翼展：可达 90 厘米
主要分布区域：世界各地

我们平时想见到仓鸮并不容易，但在法国它还算是一种相对常见的鸟。它的面部呈心形，背部为棕灰色，腹部为白色。在法国，人们给它起了个绰号：白夫人。仓鸮脸部的羽毛形成圆盘状，有传导声音的效果；且耳孔一高一低，使得它即使在黑暗中也能够准确定位猎物的位置。[1] 这种夜行猛禽在清晨和黄昏时分捕猎，但仅在夜间鸣叫——声音有点吓人！

仓鸮常在钟楼、谷仓、货棚一类的地方筑巢，因此它在法国还有一个外号——钟楼仓鸮。但后来为防止鸽子飞入，人们常将钟楼的洞口堵上，于是仓鸮在钟楼中筑巢的情况便越来越少见了。

🦅 仓鸮的叫声是这样的："啊——啊——"。

1 猫头鹰耳孔一高一低的结构能让它们收集并辨别来自不同高度的声音。——编者注

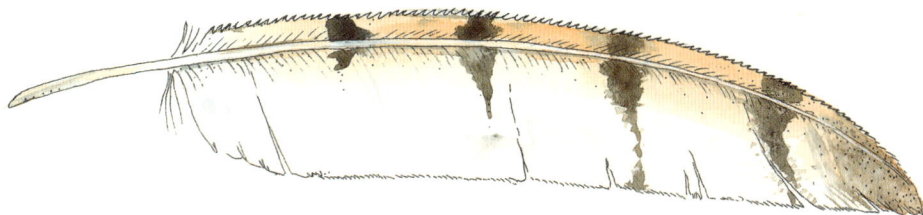

雨燕目

雨燕目的鸟脚力很弱，却是飞行好手。蜂鸟属于雨燕目，共有300多种，仅分布于美洲。它们体形极小，因此法国人戏称它们为苍蝇鸟。在我们听来，它们的鸣叫声听起来也许并不悦耳——那是一些由小声的、尖锐和刺耳音符组成的混杂声音。

朱红蜂鸟

拉丁学名：*Calypte anna*

又名安氏蜂鸟，相对于自身体形来说，朱红蜂鸟是世界上速度最快的动物。它的羽毛颜色光彩夺目——喉部呈深红色，肋部呈绿色。

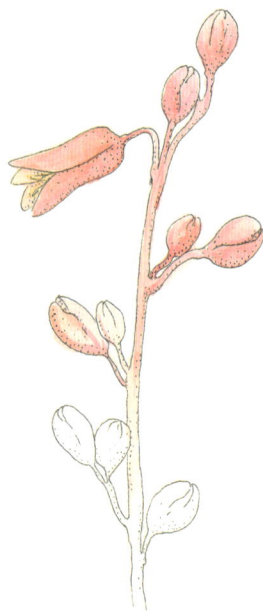

小吸蜜蜂鸟

拉丁学名：*Mellisuga minima*

小吸蜜蜂鸟的巢和半个核桃壳差不多。它发出的鸣叫声较为悦耳，通常会持续30秒。

吸蜜蜂鸟

拉丁学名：*Mellisuga helenae*

吸蜜蜂鸟的蛋只有9毫米长，是世界上最小的蛋！

雨燕目

普通楼燕

拉丁学名：*Apus apus*

体长：16—17 厘米

翼展：38—40 厘米

主要分布区域：欧亚大陆；在非洲越冬

普通楼燕的羽毛呈深黑色，喉部颜色较浅。这种候鸟几乎在天空中度过一生，仅繁殖期会成群地在屋檐下或树洞中筑巢。它们会一边飞行一边捕食，就连交配都在飞行中完成。它们睡觉时，大脑只有一部分区域处于休息状态，仍有一部分在活动，这种不同寻常的休息机制使得它们能够一边飞行一边睡觉。

🐦 普通楼燕会发出一连串刺耳的叫声："唧唧唧 —— 唧 —— 唧唧"。

鸡形目

白冠长尾雉

拉丁学名：*Syrmaticus reevesii*

体长： 可达 170 厘米

翼展： 可达 80 厘米

主要分布区域： 中国

这种野禽原产于中国，后被引入欧洲供人狩猎。雄性白冠长尾雉的颈圈和颊部呈黑色，全身黄色、黑色和白色的羽毛相间。交配季节，它会竖起长度可达两米的尾羽，轻轻摇摆尾羽末端——就像水波荡漾一般。白冠长尾雉在森林中生活，觅食植物的芽和果实。如果保护状况没有改善，这个物种将会很快灭绝。

🐦 白冠长尾雉的鸣叫声是这样的："咕咕咕"。

鸡形目的鸟类生活在地面上。它们体形笨重，趾爪强劲有力，双翅短而钝。全世界共有 300 余种。

山齿鹑

拉丁学名：*Colinus virginianus*

体长： 24—28 厘米

翼展： 33—38 厘米

主要分布区域： 北美洲、中美洲

山齿鹑体形矮胖，雄性与雌性并不相像——雌鸟颈部及眼睛上方的条纹呈淡黄色，雄鸟的这两个区域则为白色。山齿鹑夫妇常在地面上的浅坑里筑巢。这种鸟群居生活，会紧紧地挨在一起御寒。遇到危险情况时，山齿鹑们会四处分散逃跑，以此来扰乱猎食者。

岩雷鸟

拉丁学名：*Lagopus muta*

体长：34—36 厘米

翼展：54—60 厘米

主要分布区域：亚欧大陆北部和北美洲北部

通常情况下，鸟类在一年中换羽两次，而岩雷鸟的雄鸟在一年中则要换羽四次，雌鸟也要每年换羽三次——这是它们根据周围环境有无积雪而隐蔽自己的方式。冬天，岩雷鸟通体白色，仅尾巴末端为黑色（如插图所示）。夏季，它的背部有褐色和黑色的斑纹，腹部为白色。秋季是它们羽毛最短的时节：其上半身呈淡灰色，并覆有白色鳞片状羽毛，下半身仍为白色。岩雷鸟生活在高山，它总是在靠近积雪的区域活动，即便夏天也是如此。

🦅 岩雷鸟的叫声干涩粗粝："咯呃——咯"。

黑琴鸡

拉丁学名：*Lyrurus tetrix*

体长：45—60 厘米

翼展：可达 72 厘米

主要分布区域：欧亚大陆

雄性黑琴鸡羽毛呈黑色，散发着蓝色的光泽，额上长有红色肉瘤，尾巴为白色，状如里拉琴[1]，它的名字正是由此而来。春天，雄性黑琴鸡成群结队地在高山草甸和泥塘上走来走去，比拼叫声和舞姿，以此吸引雌性。黑琴鸡在阿尔卑斯山脉、喀尔巴阡山脉和西伯利亚等地的森林中生活。

🦅 黑琴鸡断断续续地咕咕叫："咯——咕咕"。

1 里拉琴是西方最早的拨弦乐器，外形像一张弓。——编者注

鹦形目

本节介绍了鹦形目的五种鹦鹉,它们在热带地区生活。它们具有大家公认的聪明才智,嗓音卓尔不群,有些甚至能够模仿人类的声音。然而不幸的是,由于常年面临生存环境被破坏和非法买卖的威胁,许多鹦形目的鸟类都濒临灭绝。

五彩金刚鹦鹉

拉丁学名: *Ara macao*

体长: 79—89 厘米

主要分布区域: 墨西哥南部到巴西中部地区

五彩金刚鹦鹉的头部和身体呈红色,两颊为白色,双翅和尾巴颜色丰富,呈蓝色、黄色和红色。它是美洲特有的鸟类。我们能看到五彩金刚鹦鹉夫妇比翼齐飞——它们的翅膀几乎会挨到一起。这种鸟是植食性的,以植物的果实、种子为食。

五彩金刚鹦鹉的叫声是这样的:"嘎嘎嘎嘎""咯咯""噢噢噢噢喳"。

黄领牡丹鹦鹉

拉丁学名: *Agapornis personatus*

体长: 可达 16 厘米

主要分布区域: 非洲

这种小型非洲鹦鹉成对或成群生活,它们的喙部为珊瑚红色,胸部呈柠檬黄色,双翅为绿色和灰色。它们的头部呈黑色,两只眼睛的周围都有白色的圆圈,看起来像戴着面具。

葵花凤头鹦鹉

拉丁学名: *Cacatua galerita*

体长: 44—55 厘米

主要分布区域: 印度尼西亚到
泛太平洋地区

这种来自大洋洲的大鹦鹉叫声嘈杂, 身体呈白色, 头冠由六根黄色羽毛组成。葵花凤头鹦鹉的飞行高度很高, 偏爱在红树林里或水边栖息。葵花凤头鹦鹉成对或组成小群体生活。群体觅食时, 其中几只会站在高处, 充当哨兵的角色, 出现危险时它们便会发出警报。

🦅 葵花凤头鹦鹉嘈杂的叫声是这样的: "啊——呀——呀" "开——呀"。

鸮鹦鹉

拉丁学名: *Strigops habroptila*

体长: 可达 60 厘米

主要分布区域: 新西兰

这种夜行性鹦鹉的羽毛呈黄绿色。人们常听到鸮鹦鹉雄鸟发出变化多端的响亮叫声,那是它们在吸引雌鸟。有时,它们在夜间会鸣叫 8 个小时! 另外,鸮鹦鹉是世界上啼鸣声最大的鸟。这种鸟的翅膀极短,因此不能飞翔。由于人类活动,它们赖以生存的岛屿被外来入侵的动物占据,它们几乎一度消失。

☛ 鸮鹦鹉雄鸟的叫声听起来先是连续 20 次的"呜呜"声,继而是一声响亮的"咕咕"。

虎皮鹦鹉

拉丁学名: *Melopsittacus undulatus*

体长: 可达 18 厘米
翼展: 可达 30 厘米
主要分布区域: 原产于大洋洲

这种鹦鹉叫声悦耳, 色彩鲜艳——头部呈黄色, 双翅有深灰色条纹, 身体呈绿色, 背部有波状花纹, 喉部有一圈如同珍珠的黑斑。它的喙部上方有一个小的凸起, 称为"鼻包", 雄鸟的鼻包是蓝色的。人们用捕捉到的虎皮鹦鹉进行育种, 获得了蓝色、白色、黑色等品种。虎皮鹦鹉适应气候的能力较好, 是常见的宠物鸟。

☛ 虎皮鹦鹉的叫声变化多样, 能学会人类吹口哨和说话的声音。

鹳形目

在很长的一段时期内，科学界仅将鹳形目（例如鹳）列入了涉禽鸟类。但后来这一范围逐渐扩大，也涵盖了其他目的鸟类。

欧洲白鹳

拉丁学名：*Ciconia ciconia*

体长：100—120 厘米
翼展：可达 205 厘米
主要分布区域：欧亚大陆；在非洲和印度越冬

欧洲白鹳几乎在整个欧洲都有分布。它们身体呈白色，上面有黑色条纹；喙部尖，足长，都呈橙红色。

七月份，人们能看到上百只欧洲白鹳飞向非洲和印度，迁徙越冬。鸟类的迁徙技能有的天生具备，有的后天习得。对于雏鹳来说，这项本领是需要学习的！雏鹳需要与家族一起完成一次迁徙的旅程，为将来离开父母后独自迁徙做准备。候鸟用以辨认方向的参照物是太阳（因为太阳从东方升起）和地理环境——它们根据河流和地形判断自己所在的位置。它们还能够感知人类不可见的地球磁场。

🐦 鹳类也是一种极少鸣叫的鸟，它们更喜欢快速地用嘴巴撞击出一连串响亮的声音来进行交流："咔咔咔"。

苍鹭

拉丁学名：*Ardea cinerea*

体长：85—90 厘米
翼展：可达 185 厘米
主要分布区域：欧亚大陆和非洲

这种灰色的大鸟头部呈白色，冠羽呈黑色，嘴巴为黄色。它的猎食对象有鱼类、两栖类、爬行动物类和小型哺乳动物。捕猎时，它先是一动不动地窥视着，然后用利剑般的嘴巴一下子将猎物刺穿。苍鹭会吐出球状的食物残渣，就是它们吃进去的动物的皮毛等物质。苍鹭在高大的树木上筑巢。它们飞行时颈部收拢呈 S 型，这一点不同于鹳和鹤。如果一只苍鹭雏鸟是一窝里最后出壳的那只，它往往会失去离巢独自生活的机会。因为它的体质太弱，抢不到父母带回来的食物，最终便会饿死，被兄弟姐妹吃掉。

🐦 苍鹭发出的叫声是这样的："咳嗨嗨咳"。

它的脚有四趾，上面都长着爪，其中一趾向后生长。我们能够在泥沙上发现它的足印（大约长 14 厘米，宽 12.5 厘米）。

美洲红鹮（huán）

拉丁学名：*Eudocimus ruber*

体长：56—61 厘米
翼展：可达 101 厘米
主要分布区域：美洲

通过它的名字我们便可得知，这种鹮的羽毛是红色的。它灰色的喙部又长又细，顶端弯曲。美洲红鹮在北美洲南部和南美洲的红树林中捕食虾和蟹。这些甲壳动物含有一种色素——类胡萝卜素，正是它赋予了美洲红鹮鲜艳的体色。成群的美洲红鹮会一起飞向高空，在树木枝头栖息。但华丽美艳的羽毛也让这个物种成为偷猎的受害者，美洲红鹮日趋稀少，濒临灭绝。

🐦 美洲红鹮的叫声嘶哑，还带着鼻音。

非洲白鹮

拉丁学名: *Threskiornis aethiopicus*

体长: 65—75 厘米
翼展: 可达 117 厘米
主要分布区域: 非洲

非洲白鹮的喙部顶端弯曲；颈部无羽毛，为深灰色；双翅主体为白色，末端为黑色；腹部为白色。这种大型涉禽在古埃及人的眼中是神圣的，是古埃及神话中的智慧之神托特的象征。它主要生活在非洲撒哈拉沙漠南部地区，在人类的生活地带附近活动，以动物尸体、淡水动物和昆虫为食，有时也会吃垃圾。曾有一些被引进到欧洲的非洲白鹮，幸运地逃脱了囚禁，来到大西洋沿岸安家。人们有时能在法国布列塔尼地区一睹它们的芳姿，但这种机会越来越少。

澳大利亚鹈鹕（tíhú）

拉丁学名：*Pelecanus conspicillatus*
体长：可达 188 厘米
翼展：230—260 厘米
主要分布区域：大洋洲

这种大型鹈鹕是白色的，双翅有一部分呈黑色，分布于大洋洲靠近淡水的地带。它长长的黄色喙部下面生有大大的黄色或粉红色皮肤喉囊，在求爱期间，它们的喉囊会变成猩红色。澳大利亚鹈鹕皮肤喉囊的作用与所有鹈鹕一样，即用作捕鱼的网兜。捕食时，它把头扎进水中，张开嘴巴捉鱼；抬起头之后在胸口挤压嘴巴，水便流了出来，只将食物留在嘴里。

🦅 澳大利亚鹈鹕时而尖叫，时而低声咕咕，时而咯吱作响。

褐鹈鹕

拉丁学名：*Pelecanus occidentalis*
体长：100—140 厘米
翼展：180—250 厘米
主要分布区域：美洲

这种美洲鹈鹕头部为浅黄色，颈部为白色；羽毛正面为灰色，上面有褐色条纹，背面为深棕色。求爱期长长的喙部呈淡粉色。它们足部短，脚趾呈黑色，趾间有蹼。褐鹈鹕是水鸟，在地面上活动时并不灵活。

🦅 它的叫声低沉而突兀。但离群的褐鹈鹕会默不作声。

蓝眼鸬鹚（lúcí）

拉丁学名：*Phalacrocorax atriceps*

体长：70—79 厘米

主要分布区域：南美洲

蓝眼鸬鹚的四个脚趾由粉红色的蹼连在一起。它的眼周有蓝色眼圈；头上有黑色冠羽，筑巢期冠羽会消失；背部呈黑色；腹部、胸部及喉部为白色。这种海鸟会游泳，能在水下捕获猎物。

北鲣（jiān）鸟

拉丁学名：*Morus bassanus*

体长：90—100 厘米

翼展：170—180 厘米

主要分布区域：北大西洋沿岸

北鲣鸟是一种仪态庄严的大型水鸟。它捕鱼时会笔直、快速地扎进水中，潜水深度可达10 米——硬实的头部以及胸口的气囊有减轻冲击力的作用。法国唯一一个北鲣鸟群体生活在沿佩罗斯－吉雷克分布的七岛保护区，数量有两万多对。

灰 雁

拉丁学名: *Anser anser*

体长: 76—89 厘米
翼展: 147—180 厘米
主要分布区域: 欧亚大陆

灰雁的颈部、背部和双翅呈灰色和浅灰褐色,并带有深色纹理。身体颜色较浅,尾上覆羽为白色,双脚生有蹼,呈橘色。

灰雁能在高空飞行。虽然高空极其寒冷而且氧气不足,灰雁却不受影响——其血液中含有特殊的红细胞,能为肌肉提供足够的氧气。我们能看到它们在天空呈"人"字形飞行的场景。

🐦 灰雁的叫声是:"嘎——嘎——嘎""噢——噢"。

白头海雕

拉丁学名：*Haliaeetus leucocephalus*

体长：71—96 厘米

翼展：180—230 厘米

主要分布区域：北美洲

这种大型猛禽身体呈灰褐色，尾巴和头部呈白色；喙部锋利，呈钩形；眼睛为黄色。它锋利的爪子强壮有力，能捕猎活物，如野鸡、鸭子、田鼠、野兔，还可以在水面上捉鱼。白头海雕仅分布于北美洲，是美国的国鸟。

🦅 白头海雕的叫声是："叽叽叽叽叽咳叽咳叽咳叽叽"。

金 雕

拉丁学名：*Aquila chrysaetos*

体长：60—100 厘米

翼展：180—234 厘米

主要分布区域：北半球的各大洲

金雕的全身都呈褐色，眼睛颜色也很深。这种大型猛禽视觉非常敏锐，视力是人类的八倍！它一边在高空翱翔，一边用敏锐的目光窥伺猎物——旱獭、野兔等。金雕夫妇会在高高的山上筑一个巨大的巢，终生一起生活。金雕雄鸟和雌鸟会轮流孵蛋。

🦅 金雕的叫声是："诶诶诶诶"。

欧亚鵟（kuáng）

拉丁学名: *Buteo buteo*

体长: 51—57 厘米

翼展: 109—140 厘米

主要分布区域: 欧亚大陆、非洲

欧亚鵟是一种很常见的大型猛禽，生活在原野和森林中，有时也在有人类居住的地带活动。欧亚鵟全身都是褐色的；双翅宽大，末端外廓为圆弧形，背面有白色斑块；尾巴较短，末端有深褐色条纹。它栖息在高高的树梢，猎食田鼠、蛙、蠕虫或昆虫。

🦅 欧亚鵟的叫声刺耳:"诶——"。

美洲隼（sǔn）

拉丁学名：*Falco sparverius*

体长：20—31 厘米
翼展：51—61 厘米
主要分布区域：美洲

美洲隼眼睛下方有一块黑斑，胸部呈白色，背部及尾巴为红棕色，在美洲的森林或城市边缘生活。这种小小的隼是穴居鸟，它会在树洞中筑巢。

🐦 美洲隼的一串叫声是："咳咳咳咳咳""啧啧啧啧啧"。

安第斯神鹫（jiù）

拉丁学名：*Vultur gryphus*

体长：100—140 厘米
翼展：270—320 厘米
主要分布区域：南美洲

看名字便可得知，安第斯神鹫生活在南美洲的安第斯山脉。它全身的羽毛呈黑色与白色，泛着金属的光泽；雄鸟头顶有一个肉冠，雌鸟则没有。这种巨大山鸟的头部和颈部前半部分没有羽毛。它吃动物尸体（比如羊驼和松鼠的尸体）时，会用喙部将肉撕碎。

🐦 安第斯神鹫先嘶嘶叫，而后会发出像打喷嚏一样的声音。

隼形目

隼形目都吃动物的肉或腐尸，右图是它们钩形的喙部。

游隼

拉丁学名：*Falco peregrinus*

体长：34—50 厘米

翼展：74—120 厘米

主要分布区域：世界各地

游隼的颊部和头部为黑色，颊部还有粗粗的黑色髭纹，看起来就像戴了头盔一样。这种鸟单独在山地生活，也到城市和河湖沿岸地带活动。它的飞行速度平均为每小时 100 千米，但捕猎时俯冲速度可达每小时 389 千米，是世界上速度最快的鸟！近年来，这种健壮的隼也出现在了巴黎附近。

🦅 游隼发出的叫声是："嘶克嘶克"。

游隼捕捉的多为飞行中的鸟类和蝙蝠。

鸻形目

大黑背鸥

拉丁学名：*Larus marinus*

体长：64—78 厘米
翼展：150—170 厘米
主要分布区域：北大西洋沿岸

大黑背鸥属于鸻（héng）形目鸟类，是海鸥中体形最大的一种鸟。它的头部及身体呈白色，眼睛和双翅为黑色，喙部和带蹼的脚为淡黄色，仅在北大西洋沿岸能够见到。它在土地中或石洞里筑巢，并在巢中铺满藻类和草。

🐦 大黑背鸥大声地叫："哦哦哦哦哦哦哦"。

北极海鹦

拉丁学名：*Fratercula arctica*

体长：26—29 厘米
翼展：47—63 厘米
主要分布区域：北大西洋沿岸

北极海鹦的头顶和双翅呈黑色，眼周及胸腹为白色，大大的喙部呈橘色和灰色。它们大部分时间在远离海岸的海洋中生活，并不定居。仅在春天，北极海鹦会到海岸多草的地带育雏，在天然形成的孔洞或兔子挖的洞中筑巢，为幼雏衔回鱼类。法国的北极海鹦处在灭绝的边缘，仅剩几十对在布列塔尼的七岛保护区筑巢。法国鸟类保护联盟的标志就是它。

🐦 北极海鹦叫声低沉，如同哀怨一般："啊啊啊——啊"。

红嘴鸥

拉丁学名: *Larus ridibundus*

体长: 可达 37 厘米
翼展: 99 厘米
主要分布区域: 北半球

这种海鸥头部呈深褐色，身体为白色，双翅灰色，喙部及脚呈橙色。冬季，它的头部羽毛的深褐色褪去，仅眼部后方留有一块暗斑。红嘴鸥的叫声听起来如同傻笑，它的法语名字也由此而来[1]。人们一般会把它看作海鸟，事实上恰恰相反，红嘴鸥在内陆沿着水流、靠近水体的地区，或者有池塘、沼泽的地区繁殖和生活。

🐦 红嘴鸥的叫声响亮并带有鼻音，有点沙哑："咕嘎哈哈哈"。

1 红嘴鸥的法语名称是 mouette rieuse，直译为"爱笑的海鸥"。——译者注

蛎鹬（lìyù）

拉丁学名：*Haematopus ostralegus*

体长：40—45 厘米
翼展：80—85 厘米
主要分布区域：欧亚大陆

蛎鹬是一种生活在海岸边的鸟。它的头部、颈部及背部呈黑色，长长的喙部和脚为橙色。它主要吃的是落潮后遗留的贝类、蟹和虾，但很少吃牡蛎。它会用嘴巴敲打食物的外壳，吃贝类的时候把嘴巴伸进贝壳内，切断贝壳两侧内壁上的肉。当其他鸟类离自己的蛋或幼雏太近时，蛎鹬会驱逐它们！

🦅 蛎鹬刺耳的尖叫听起来像："科厉科厉科厉"。

蛎鹬的巢极其简单——只是在地上的凹陷处铺上海草或贝壳。它的蛋为淡黄色，有黑褐色斑纹，与泥土的颜色很相近。蛎鹬蛋的这种特征能保护它们不被猎食者发现。

刀嘴海雀

拉丁学名：*Alca torda*

体长：37—39 厘米
翼展：可达 65 厘米
主要分布区域：北大西洋

刀嘴海雀分布于北大西洋多岩石的海岸地带。它的颊部在冬季呈白色，其余季节均为黑色，背部则终年黑色。它用翅膀贴着海面快速飞行。它也会游泳，游泳时翅膀的作用类似于鱼类的鳍。

🐦 刀嘴海雀的叫声低沉嘶哑，多为成群一起啼叫。

乌燕鸥

拉丁学名: *Onychoprion fuscatus*

体长: 33—36 厘米
翼展: 82—94 厘米
主要分布区域: 热带地区

乌燕鸥的翅膀末端尖尖的, 尾巴分叉, 是一名体形纤细的旅行者。它除了繁殖期, 从不停落。因为它能够在飞行中睡觉, 觅食时仅需在水面掠过。

乌燕鸥的头顶和后背为黑色, 如同煤灰的颜色一般。海鸟的羽毛一般是正面呈暗色, 背面为浅色。这种特征使得它们不易被猎物（鱼类）发现。

🐦 乌燕鸥呱呱的叫声很刺耳。

普通燕鸥

拉丁学名：*Sterna hirundo*

体长：31—35 厘米

翼展：77—98 厘米

主要分布区域：欧亚大陆和北美洲；
在非洲、东南亚和大洋洲越冬

普通燕鸥头顶为黑色，羽毛为白色，腿为红色。这种鸟群居生活，群体十分吵闹。它的形态与北极燕鸥极其相似，不同的是它的红色嘴巴上有一块黑斑，可以依据这个特征区别它们。

沿着海岸、河边或湖边，便能遇到普通燕鸥。它以鱼为食，吃各种体长仅几厘米的小鱼。因为它飞行时身姿优雅，所以又被法国人称为"海上燕子"。它是候鸟。

🦅 普通燕鸥会发出匆忙的叫声："咳——咿——咿 ——咿""咳咿咳咿咳咿咳咿"。

鹱形目

巨鹱（hù）

拉丁学名：*Macronectes giganteus*

体长：86—99 厘米

翼展：185—205 厘米

主要分布区域：南极洲和南极洲周边海洋

这种身形庞大的海鸟与所有的鹱形目鸟类一样，粗大的鼻孔附近生有盐腺。巨鹱在饮进海水时会摄入过量的盐分，盐腺的作用就是将这些多余的盐分通过分泌物排出体外。它是一种吃动物腐尸的猛禽，总是窥视着企鹅群，等着吃企鹅幼雏的尸体。

🦅 巨鹱会高声大叫。

漂泊信天翁

拉丁学名：*Diomedea exulans*

体长：110—140 厘米

翼展：可达 305 厘米

主要分布区域：南极洲周边海洋

漂泊信天翁是鸟类中翼展最大的。它的双翅很长，生有褐色斑点，翅尖呈黑色。它的法语名字意思是"吼叫的信天翁"，事实上它在海面上时很安静，仅在争夺食物时会从喉头发出颤音。

漂泊信天翁一边在水面停落，一边用 18 厘米长的大嘴巴抓取猎物（例如枪乌贼）。它的双翅有特殊的肌腱，能够拉直固定，因此它即使飞行几天不停落，也不会觉得累。

企鹅目

帝企鹅

拉丁学名: *Aptenodytes forsteri*

体长: 110—120 厘米

主要分布区域: 南极洲

帝企鹅这种企鹅的头部、背部和生有蹼的脚都是黑色的，胸部和腹部呈白色，耳朵附近有一块黄色的斑块。它们在南极洲的冰面上生活时是成千上万对企鹅群居在一起。它们不会飞，行动方式是身体左右摇摆着走动或用肚皮滑行。帝企鹅的游泳本领尤其出色，能够潜入 400 米深的水下捉鱼和磷虾，它们又平坦又坚韧的翅膀能在游泳时起到鱼鳍的作用。

🐦 帝企鹅有一套复杂的交流系统，它们的叫声能够让帝企鹅夫妇从几千只同类中辨认出彼此和它们的幼雏。这种叫声类似于"呜嗯嗯嗯嗯，呜嗯，呜嗯，呜嗯嗯嗯嗯嗯"。

非洲鸵鸟

拉丁学名：*Struthio camelus*

体长：170—270 厘米

主要分布区域：非洲

非洲鸵鸟长长的脖子、腿和脚为粉红色；雄性双翅羽毛呈黑色，雌性呈灰褐色；平均体重为 100 千克，雄性体重可达 140 千克，是世界上最重的鸟！它们依靠长有两趾的脚掌奔跑，速度极快。它能跳 1.5 米高，近 4 米远。但非洲鸵鸟不会飞——它的翅膀上没有适用于飞行的肌肉。

🦅 非洲鸵鸟发出响亮的叫声："噶——噶——噶——哦"。

鸵鸟蛋是所有的蛋里最重的，重量能达到 1.4 千克，平均长度约 16 厘米，宽度约 13 厘米（鸡蛋的平均长度仅为 4 厘米）。雄鸟负责筑巢——也就是在地上刨个坑为雌鸟产蛋做准备。

褐几维鸟

拉丁学名：*Apteryx australis*

体长：65—70 厘米

主要分布区域：新西兰

几维鸟是新西兰特有的鸟类。它们的翅膀已经退化，不能飞行。它的羽毛为浅棕色；有力的趾呈褐色，部分被鳞片覆盖。几维鸟视觉非常差，但嗅觉发达，这种情况在鸟类中是少见的。它靠鼻子嗅来嗅去寻找食物，然后将又长又细的嘴巴伸进土里捕食。

🦅 几维鸟的鸣叫声刺耳："啊咿啊——啊咿啊——"。

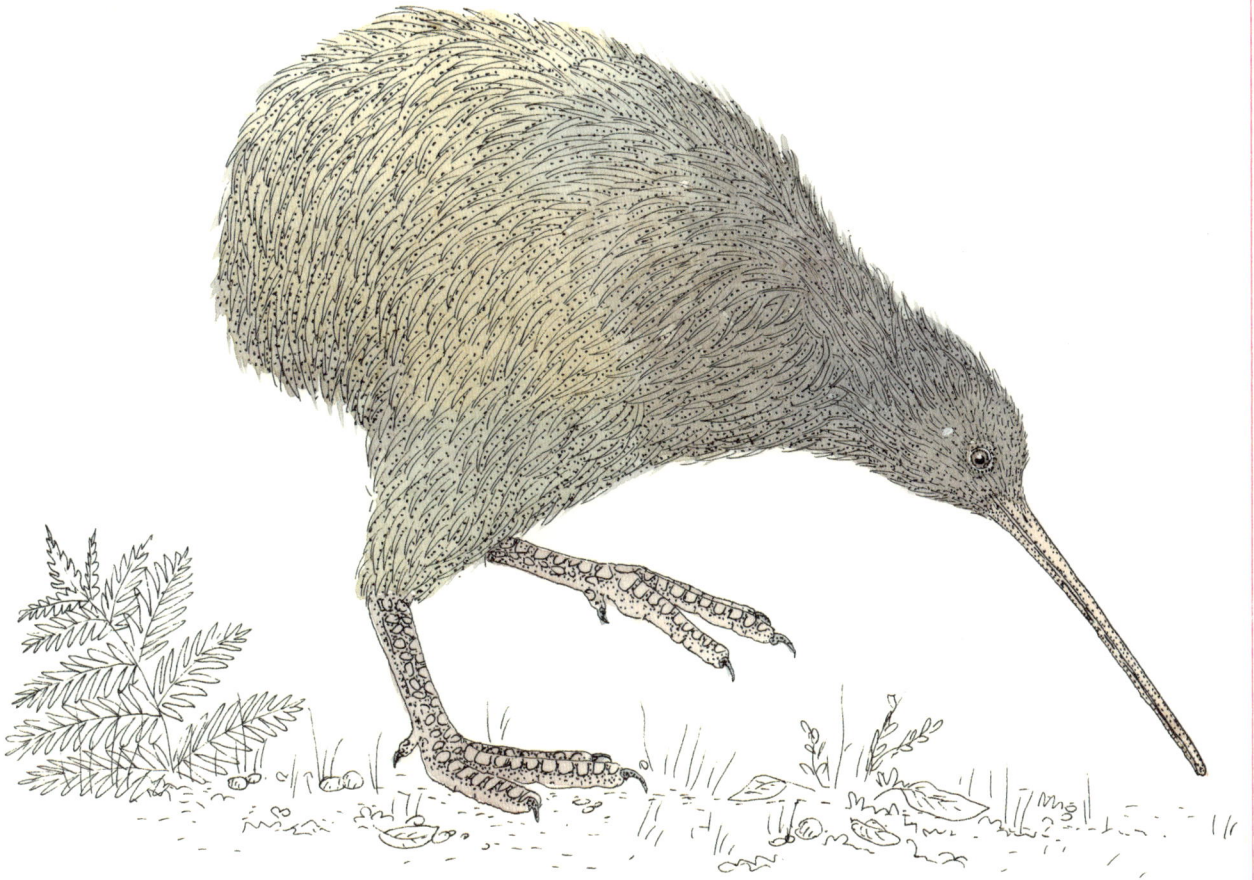

鹤形目

黑冕鹤

拉丁学名：*Balearica pavonina*

体长：可达 105 厘米
翼展：180—200 厘米
主要分布区域：非洲

黑冕鹤的颈部、身体及初级飞羽呈深灰色，翅下侧的羽毛为白色和黄色，尾上覆羽为红褐色。它的额部呈黑色，颊部为红色，上方有一块白斑。它的头顶有又细又长的羽毛组成的冠羽，看上去像王冠一样，它的名字也由此而来。

黑冕鹤分布于撒哈拉沙漠以南的非洲地区，生活在靠近水源或牲畜的地带。它在地上啄来啄去，寻找昆虫、软体动物和种子。黑冕鹤起飞之前需要先奔跑，再借助惯性飞起来。

🦅 黑冕鹤的叫声是："嗡嗡""嘎——翁"。

红鹳目

大红鹳（guàn）

拉丁学名：*Phoenicopterus roseus*

体长：110—150 厘米
翼展：可达 150 厘米
主要分布区域：非洲、欧洲南部和中亚地区

大红鹳又名大火烈鸟，它和它的四种红鹳目近亲一样，都是大型水鸟。它的颈和腿都很长，喙部也很特殊：下喙比上喙大。它上喙和下喙边缘均有梳齿状的小薄片，进食时能将水滤出，把甲壳类、藻类等食物留在嘴里。它尤喜捕食一种名叫卤虫的小动物。卤虫中含有类胡萝卜素，雏鸟出壳时羽毛是白色的，正是摄入的这种色素改变了它羽毛的颜色。大红鹳是体形最大的火烈鸟。法国唯一的一个大红鹳繁殖群体分布于卡马尔格，根据考察数据显示，那里有一万多对大红鹳。

🦅 大红鹳声音嘶哑，好像带着鼻音："嘎嘎嘎""咳咳""嘎咯咯——咯"。

索 引